Bouesse Arafat NZABA M.

L'Amour Sauvage

Bouesse Arafat NZABA M.

L'Amour Sauvage

Poèmes Passionnés pour les âmes Aventureuses

Éditions Muse

Cover image: www.ingimage.com

Publisher:
Éditions Muse
is a trademark of
Dodo Books Indian Ocean Ltd. and OmniScriptum S.R.L publishing group

120 High Road, East Finchley, London, N2 9ED, United Kingdom
Str. Armeneasca 28/1, office 1, Chisinau MD-2012, Republic of Moldova, Europe
Printed at: see last page
ISBN: 978-620-4-96445-4

L'Amour Sauvage : Poèmes Passionnés pour les âmes Aventureuses

Par NZABA Arafat

"L'Amour Sauvage" est un recueil de poèmes passionnés qui invite les âmes aventureuses à explorer les mystères de l'amour et de la vie. À travers des vers sensuels et évocateurs, NZABA Arafat nous entraîne dans un voyage émotionnel intense où l'amour est célébré dans toute sa splendeur et sa complexité.

Les poèmes de ce livre capturent l'essence même de l'amour, avec ses hauts et ses bas, ses joies et ses peines, ses moments de douceur et ses instants de passion brûlante. De la découverte des premiers sentiments amoureux à la profondeur des relations durables, "L'Amour Sauvage" explore les différentes facettes de l'amour avec une poésie enivrante.

Avec une écriture délicate et expressive, NZABA Arafat nous emmène dans un univers romantique où les sentiments les plus profonds sont exprimés avec une intensité rare. Les poèmes de ce livre nous font vibrer et nous touchent en plein cœur, nous rappelant l'importance de l'amour dans nos vies.

"L'Amour Sauvage" est un livre à savourer lentement, pour la beauté de ses mots et la profondeur de ses sentiments. Si vous êtes à la recherche d'une lecture inspirante et passionnée, ce livre est fait pour vous. Alors plongez-vous dans ces poèmes envoûtants et laissez-vous emporter par la magie de l'amour sauvage.

1- La sagesse

La sagesse est un trésor précieux,
Qui ne peut être acquis que par la vie,
Les épreuves et les joies sont les clefs,
Pour ouvrir les portes de la sagesse infinie.

La sagesse n'est pas une destination,
Mais plutôt un chemin à parcourir,
Où chaque expérience est une leçon,
Qui nous apprend à grandir.

La sagesse nous guide dans la vie,
Nous aidant à faire les choix justes,
Nous protégeant des dangers et des vices,
Et nous permettant de trouver la paix et la justice.

Alors cherchons la sagesse sans cesse,
Dans nos cœurs, nos âmes et nos esprits,
Et que notre vie soit une caresse,
Qui apporte la sagesse à ceux qui nous sont chers.

2-Leçon de vie

La vie est un professeur,
Qui nous apprend chaque jour,
Des leçons simples ou difficiles,
Qui façonnent notre parcours.

La vie nous enseigne la patience,
La tolérance et l'humilité,
La gratitude et la bienveillance,
Et la force de la solidarité.

La vie nous montre le chemin,
Pour atteindre notre but,
Nous rappelant que rien n'est vain,
Si on travaille avec courage et vertu.

Alors apprenons de chaque moment,
Et de chaque personne que nous rencontrons,
Car chaque leçon est un don,
Qui nous rend plus sages et plus forts.

3- Le conseil du vieil arbre

Le vieil arbre est un sage,
Qui a vu des générations passer,
Et qui, avec son âge,
A acquis une grande sagesse à partager.

Le vieil arbre nous dit:
"La vie est un cycle éternel,
Où tout commence et finit,
Et où chaque chose est belle".

Le vieil arbre nous apprend:
"Prends soin de la nature et des autres,
Sois fidèle à tes engagements,
Et respecte les lois divines et humaines".

Le vieil arbre nous encourage :
"Cherche la paix et l'harmonie,
Dans ton cœur et dans ta vie,
Et sois toujours fier de qui tu es".

Alors écoutons le conseil du vieil arbre,
Et cultivons la sagesse qu'il nous transmet,
Car elle est un trésor inestimable,
Qui nous guide vers le bonheur et un meilleur lendemain.

4-La sagesse intérieure

La sagesse intérieure est une lumière,
Qui brille au fond de notre être,
Elle nous guide dans nos choix et nos prières,
Et nous permet de trouver la paix et l'équilibre.

La sagesse intérieure est une voix,
Qui murmure doucement à notre cœur,
Elle nous montre le chemin de la joie,
Et nous aide à surmonter nos peurs.

La sagesse intérieure est une force,
Qui nous donne la volonté d'avancer,
Elle nous inspire et nous renforce,
Pour atteindre nos rêves et nos objectifs.

Alors écoutons la sagesse !

5- Le Triomphe

Dans la course effrénée de la vie,
Le succès nous tend la main,
Et nous invite à suivre sa voie,
Vers des horizons lointains.

Le chemin est ardu et sinueux,
Mais la victoire est au bout,
Il suffit de rester courageux,
Et de ne jamais perdre le goût.

Le triomphe est à portée de main,
Si on y met de la passion,
Et si l'on ne cède jamais au chagrin,
Ni à la désillusion.

Le succès est un cadeau précieux,
Qui se mérite à force d'efforts,
Et qui laisse des souvenirs heureux,
Pour ceux qui ont cru en leur sort.

6- L'Accomplissement

La victoire est un doux parfum,

Qui enivre nos sens et nos cœurs,

Elle nous donne l'envie d'aller plus loin,

Et de viser toujours plus haut dans nos peurs.

L'accomplissement est un chemin semé d'embûches,

Mais qui nous conduit vers la gloire,

Il faut se battre pour atteindre la cime,

Et gravir les montagnes avec espoir.

Le succès est une récompense,

Pour ceux qui ont su résister aux épreuves,

Il faut croire en sa propre puissance,

Et ne jamais perdre la foi en soi-même.

L'accomplissement est une fierté,

Qui résonne comme une mélodie,

Il faut se battre pour la mériter,

Et ne jamais baisser les bras dans la vie.

7- Le Courage

Le succès est un chemin de courage,
Qui nécessite de la force et de la passion,
Il faut lutter contre les peurs et les ravages,
Et avancer avec détermination.

Le courage est la clé de la réussite,
Il nous donne la force de surmonter les obstacles,
Il nous permet de sortir de la nuit,
Et de voir le jour à travers le spectacle.

Le courage est une victoire sur soi-même,
Il faut apprendre à se connaître,
Et à dépasser les limites de son être,
Pour atteindre les sommets les plus extrêmes.

Le courage est une vertu sacrée,
Qui inspire les plus grands des héros,
Il faut l'avoir pour faire face aux défis,
Et pour atteindre les succès les plus beaux.

8- La Liberté

Le succès est une forme de liberté,
Qui nous permet de vivre nos rêves les plus fous,
Il nous donne l'envie de nous envoler,
Et de goûter à tous les bonheurs de la vie sous tous les cieux.

La liberté est une force puissante,
Qui nous permet de réaliser nos ambitions,
Il faut la cultiver avec ardeur et passion,
Pour atteindre les sommets les plus brillants.

La liberté est un choix de vie,
Qui nécessite de la persévérance et de la ténacité,
Il nous permet de briser les chaînes de l'ennui,
Et de vivre pleinement nos désirs et nos réalités.

La liberté est une valeur à partager,
Qui nous ouvre les portes de l'imaginaire,
Il faut la chérir et la protéger.

9- Belles femmes,

Belles femmes, si belles et si douces,
Comme des roses dans la rosée du matin,
Vous éblouissez le monde avec vos charmes,
Et nous ensorcelez avec votre beauté divine.

Votre grâce est une bénédiction pour nos yeux,
Votre sourire est un rayon de soleil pour nos cœurs,
Et vos mouvements sont une danse envoûtante,
Qui nous transporte dans un monde de rêves éternels.

Ô femmes, vous êtes la manifestation de l'amour,
La perfection incarnée de la nature,
Et nous sommes à jamais émerveillés,
Par la magie de votre présence enchanteresse.

10- l'art subtil

La beauté de la femme est un art subtil,
Qui combine la grâce, la force et la délicatesse,
Et qui s'exprime dans chaque geste, chaque regard,
Comme une poésie éternelle qui enchante notre âme.

Quand une femme marche, c'est une danse gracieuse,
Quand elle parle, c'est une musique harmonieuse,
Et quand elle sourit, c'est un éclat de lumière,
Qui illumine notre vie et nos souvenirs.

Ô femmes, vous êtes les anges de la terre,
Les gardiennes de la beauté et de l'amour,
Et nous sommes bénis d'avoir la chance de vous connaître,
De vous admirer, et de vous aimer pour toujours.

11- le mystère infini

La beauté d'une femme est un mystère infini,
Qui révèle l'essence même de son être,
Et qui se cache dans les profondeurs de son âme,
Comme un trésor précieux qu'elle seule peut offrir.

Quand une femme sourit, c'est un rayon de soleil,
Qui illumine notre journée de sa douceur,
Quand elle parle, c'est un murmure envoûtant,
Qui nous transporte dans un monde de bonheur.

Eh femmes, vous êtes les gardiennes de la vie,
Les étoiles qui brillent dans l'obscurité,
Et nous sommes fiers de vous appeler nos amies,
Nos sœurs, nos mères, et nos bien-aimées.

12- l'énigme fascinante

La beauté de la femme est une énigme fascinante,
Qui attire notre regard et notre cœur,
Et qui nous transporte dans un univers de magie,
Où chaque instant est une fête de l'amour.

Quand une femme danse, c'est une symphonie,
Qui nous touche au plus profond de notre âme,
Quand elle chante, c'est un souffle de vie,
Qui nous réveille de notre sommeil de mort.

Femmes, vous êtes les fleurs de la création,
Les reines de l'existence et de l'évolution,
Et nous sommes à jamais éblouis,
Par votre beauté et votre grâce infinies.

13- Les Particules Quantiques

Dans le monde quantique, les particules sont étranges,
Elles s'entrelacent, se téléportent, sont indisciplinées,
Leur comportement est imprévisible, leur nature étrangère,
La médecine quantique en est toute transformée.

Grâce à cette physique, nous pouvons maintenant voir,
L'invisible, l'inconnu, le corps qui se régénère,
La guérison est plus rapide, les traitements plus sûrs,
La médecine quantique est la médecine du futur.

Les particules quantiques sont mystérieuses et belles,
Leur nature est insondable, leur pouvoir est immense,
La médecine quantique est la médecine de l'espoir,
Pour un monde plus sain, plus fort, plus vibrant.

14- La Lumière Quantique

La lumière quantique brille d'un éclat nouveau,
Elle traverse les corps, les tissus, les os,
Elle illumine notre âme, notre esprit, notre cœur,
La lumière quantique est notre alliée, notre sœur.

Elle nous montre les chemins cachés de la guérison,
Elle éclaire les zones d'ombre, les blessures, les traumatismes,
Elle nous aide à trouver la voie de la paix, de la joie, de l'amour,
La lumière quantique est notre guide, notre secours.

La médecine quantique a compris le pouvoir de la lumière,
Elle l'utilise pour soigner, pour régénérer, pour apaiser,
La lumière quantique est la force de la vie, de l'espoir, du renouveau,
Pour un monde plus sain, plus harmonieux et plus beau.

15- Le Vide Quantique

Le vide quantique est un océan d'énergie,
Un univers invisible, une force infinie,
Il est le berceau des particules, le lieu de leur création,
Le vide quantique est la source de toute transformation.

La médecine quantique a su exploiter ce vide,
Elle y puise des ressources, des potentiels, des avantages,
Le vide quantique est le champ des possibles, des miracles, des rêves,
Pour un monde plus riche, plus épanoui, plus libéré.

Le vide quantique est un espace de liberté,
Il est le terrain de jeu de l'esprit, de l'âme, de la créativité,
La médecine quantique est l'art de naviguer dans ce vide,
Pour une vie plus riche, plus inspirée, plus éclairée.

16- Les Ondes Quantiques

Les ondes quantiques sont des messagères de l'espace,
Elles transportent l'information, la connaissance, la grâce,
Elles sont partout, tout le temps, en nous, autour de nous,
Les ondes quantiques sont notre lien, notre courant, notre flux.

La médecine quantique utilise ces ondes pour guérir,
Pour régénérer, pour rééquilibrer, pour nourrir,
Les ondes quantiques sont le langage de la guérison,
Pour un monde en meilleur santé.

17- La Quête

Dans la quête du diplôme,

Je me suis lancé corps et âme

Dans les études, les lectures, les cours

J'ai fait des nuits blanches pour avoir de l'or

Avec mon parchemin, j'ai cru que tout était acquis

Mais je me suis vite rendu compte que rien n'était écrit

Les portes sont fermées, les opportunités sont rares

Il faut se battre pour exister, trouver sa place dans l'histoire

Le monde du travail est un champ de bataille

Où chacun se bat pour sa part du gâteau

Il faut se donner corps et âme, sans faille

Pour décrocher ce fameux emploi

Mais même avec un diplôme en poche

Le chemin est long, les embûches sont nombreuses

Il faut se battre pour chaque poste

Et accepter les échecs comme des leçons précieuses

18- La Quête Impossible

J'ai couru après ce diplôme,
Cherchant désespérément à m'extraire de la zone
J'ai étudié jour et nuit, sans relâche
Pensant que cela me donnerait une place

Mais le marché du travail est impitoyable
Et mes espoirs se sont effondrés comme un château de sable
Les portes sont fermées, les opportunités sont rares
Et mes rêves se sont envolés, comme des oiseaux dans les airs

Je suis devenu un pion dans un monde hostile
Où les diplômes ne garantissent rien
Il faut se battre pour exister, sans filet, sans file
Et trouver sa place au milieu de ce destin

Mais je refuse de baisser les bras
Même si la quête semble impossible
Je continuerai à avancer, pas à pas
Jusqu'à ce que mes rêves deviennent possibles

19- L'Ascension

Le diplôme en main, j'ai commencé mon ascension
Dans le monde du travail, je me suis frayé une place
J'ai gravi les échelons, avec détermination
Et j'ai atteint des sommets que je n'aurais jamais imaginés

Les portes se sont ouvertes, les opportunités sont apparues
Et j'ai saisi chaque occasion, avec courage et gratitude
J'ai travaillé dur, sans relâche, sans peur
Et j'ai finalement atteint mes objectifs, avec honneur

Mais je n'oublie pas d'où je viens
Et je me souviens de chaque obstacle sur le chemin
Je reste humble, reconnaissant et fier
De cette ascension, qui a changé ma vie entière

Le diplôme n'était qu'un début, une étape
Et j'ai su la transformer en une belle trajectoire
Je suis heureux d'avoir choisi ce métier
Qui me donne chaque jour une nouvelle raison d'exister.

20- Étranger

Dans un pays lointain

Je me sens comme un étranger

Cherchant un endroit où je puisse m'établir

Un lieu où je peux trouver un foyer

Je suis venu chercher la réussite

Mais le chemin est difficile et incertain

Je suis un étranger dans ce pays

Mais je garde espoir pour un avenir meilleur

Je travaille dur tous les jours

Pour faire de mes rêves une réalité

Je suis un étranger ici

Mais j'espère devenir un citoyen heureux et fier

21- Immigration

J'ai quitté mon pays natal

Pour trouver un nouveau chez-moi

Un endroit où je pourrais vivre librement

Et réaliser mes rêves les plus fous

Je suis un immigrant

Mais je ne suis pas différent

Je suis venu ici pour travailler dur

Et pour faire de ma vie un succès futur

Je peux parler une langue différente

Mais mon cœur bat avec la même passion

Je suis un immigrant ici

Et je suis fier de mes racines et de ma nation

22- La Réussite

Je suis arrivé avec rien
Mais j'ai travaillé dur pour réussir
Je me suis fixé des objectifs ambitieux
Et j'ai travaillé sans relâche pour les atteindre

Je suis un étranger dans ce pays
Mais j'ai réussi à faire ma place
Je suis fier de ce que j'ai accompli
Et je suis reconnaissant pour toutes les opportunités

La réussite n'est pas facile
Mais avec de la persévérance et de la détermination
Tout est possible, même pour un étranger
Qui cherche à atteindre son rêve et l'apogée.

23- Je t'aime

Je t'aime plus que les mots,
Plus que le soleil brille chaud.
Mon cœur bat fort pour toi,
Ma passion pour toi grandit chaque jour.

Tes yeux sont comme les étoiles,
Ta beauté est plus belle que la rose.
Mon amour pour toi est éternel,
Je ne peux pas vivre sans toi.

24- Je rêve de toi

Je rêve de toi chaque nuit,
Mon amour pour toi est si intense.
Je te veux près de moi pour toujours,
Notre amour est plus fort que tout.

Tu es le seul dans mon cœur,
Je ne peux pas imaginer la vie sans toi.
Tu me manques quand tu n'es pas là,
Je t'aime plus que tout au monde.

25- Mon amour

Je suis fou de toi mon amour,
Ta beauté me fait tomber à genoux.
Je ne peux pas me passer de toi,
Je t'aime plus que tout.

Ton sourire est comme un rayon de soleil,
Ta voix est douce comme une mélodie.
Je veux te chérir pour toujours,
Tu es la seule pour moi.

26- Pour toujours

Mon amour pour toi est intense,

Je ne peux pas le cacher plus longtemps.

Tu es la lumière de ma vie,

Mon âme sœur pour l'éternité.

Ta présence me rend heureux,

Je veux passer chaque instant avec toi.

Je t'aime plus que tout mon amour,

Tu es la seule pour moi pour toujours.

27- La paix intérieur,

Je cherche la paix en moi,
Dans les profondeurs de mon âme,
Je fouille les recoins sombres,
Pour atteindre la lumière qui brille.

Je médite et je respire,
Je libère les pensées négatives,
Je me connecte à mon moi intérieur,
Pour trouver la sérénité en moi.

La paix, c'est la force de l'esprit,
La clé de l'équilibre intérieur,
Je continue ma quête pour la trouver,
Et la garder en moi pour toujours.

28 -Dans le silence de mon esprit,

Dans le silence de mon esprit,
Je trouve la paix intérieure,
La sérénité qui m'apaise,
Et qui me guide vers l'harmonie.

Je laisse les soucis et les peurs,
S'évaporer comme des nuages,
Je respire profondément,
Pour atteindre la tranquillité.

La paix en moi, c'est la clé,
Pour affronter les défis de la vie,
Et trouver le bonheur en soi,
Pour réaliser nos envies.

29-Images

Dans des cadres et des écrans, nous capturons la vie

Des moments figés, pour toujours en vie

Avec des souvenirs, bons ou mauvais

Ils nous rendent heureux, ils nous rendent tristes

Les images sont un reflet de nos vies

Elles nous rappellent qui nous sommes

Elles nous font voir la beauté du monde

Et nous aident à traverser les moments difficiles

Elles sont des témoins silencieux de notre histoire

Des photographies fidèles, tel un miroir.

30- Rire

Le rire est un remède à tous les maux
Il nous soulage de nos soucis et de nos fardeaux
Il nous apporte la joie et la légèreté
Et nous aide à vivre la vie avec sérénité

Le rire est contagieux, il se propage comme une onde
Il nous relie les uns aux autres et nous rapproche du monde
Il est le langage universel de l'humanité
Et il nous rappelle que la vie est belle et pleine de spontanéité

Alors rions, rions de tout, rions de rien
Car le rire est la clé du bonheur et du bien-être quotidien

31- Santé

La santé est notre bien le plus précieux
Elle nous permet de profiter de la vie sous tous ses aspects
Elle nous donne l'énergie et la vitalité
Et nous permet de vivre chaque jour en toute sérénité

Prendre soin de notre corps et de notre esprit
C'est la clé pour être en bonne santé toute notre vie
Manger sainement, faire de l'exercice et se reposer
C'est la recette pour vivre longtemps et en bonne santé

Prenons donc soin de nous, de notre corps et de notre esprit
Et savourons la vie dans toute sa plénitude et sa beauté infinie

32- Les images

Les images sont des fenêtres ouvertes sur le monde
Elles nous montrent la beauté de la nature et des gens qui nous entourent
Elles nous permettent de voyager sans quitter notre maison
Et de découvrir des cultures et des paysages différents

Les images sont des témoins de notre temps
Elles nous montrent l'histoire de notre civilisation
Elles nous rappellent les événements importants qui ont marqué notre vie
Et nous aident à comprendre le monde dans lequel nous vivons

Les images sont un cadeau précieux que nous avons reçu
Elles sont une source d'inspiration et d'émerveillement
Et elles nous rappellent que la vie est belle et pleine des bons moments.

33- Longévité

La vie est courte mais nous aspirons

À vivre longtemps et à être forts

À voir grandir nos enfants,

A être témoins des petits bonheurs de chaque jour.

34-Amour

L'amour est un feu ardent qui brûle

Dans nos cœurs, dans nos âmes, dans nos vies

Il nous pousse à être heureux, à être des bulles

De joie et de bonheur, de paix infinie.

35-Le charme des femmes

Le charme des femmes est un mystère

Un sourire, un regard, un geste léger

Peut faire chavirer nos cœurs, nous faire taire

Et nous rendre fou de désir et de gaieté.

36-Bel homme

L'homme beau est un prince charmant

Ses yeux sont clairs, sa peau est douce

Il a le charisme, le sourire envoûtant

Et le regard qui fait chavirer toutes les femmes.

37-Mariage

Le mariage est l'union sacrée

De deux âmes qui s'aiment, qui se complètent

C'est la promesse d'une vie partagée

De bonheur, de paix, de joie à chaque instant.

38-Flirter

Flirter est un art subtil et délicat

Il faut savoir lire entre les lignes

Jouer avec les mots, les gestes, les regards

Et laisser le désir nous guider vers le bonheur.

39-Sourire

Le sourire est un cadeau précieux

Il illumine nos visages, nos cœurs

Il rend notre vie plus belle, plus heureuse

Et nous donne la force d'affronter toutes les peurs.

40-Fées

Les fées sont des êtres merveilleux

Qui peuplent notre imaginaire, nos rêves

Elles nous apportent la magie, le bonheur

Et nous font croire en un monde plus beau, plus heureux.

41-Bestseller

Le bestseller est un livre exceptionnel

Qui nous transporte dans un autre univers

Il nous fait vibrer, rêver,

Aide à affronter toutes les adversités

Et nous donne la force de se hisser aux sommets.

42-Longévité

Vivre longtemps, c'est un cadeau rare

Il faut savoir en profiter, en jouir

Et prendre chaque instant comme une aventure

Un défi, une opportunité de grandir.

43-Amour

L'amour est un océan de tendresse

Qui nous emporte vers des horizons inouïs

Il nous fait découvrir des sensations enivrantes

Et nous donne la force de dépasser nos limites.

44- Le trésor

La beauté des femmes est un trésor

Qui ne demande qu'à être découvert

Elles sont des énigmes à déchiffrer

Des mystères à explorer, des étoiles à contempler.

45-La beauté masculine

L'homme beau est un dieu sur terre

Il est la perfection incarnée, la grâce

Il nous fait chavirer, nous rend folles,

Et nous donne la force d'affronter toutes les tempêtes.

46- Les Fleurs

Les fleurs, ces êtres fragiles,
Sont des merveilles de la nature,
Elles nous offrent leur beauté,
Et leur douceur sans compter.

Elles sont les compagnes des jardins,
Elles apportent la vie et la couleur,
Elles sont le symbole de l'amour,
Et de la gloire éternelle.

Leur parfum enivre nos sens,
Leur beauté réchauffe notre cœur,
Les fleurs sont des êtres magiques,
Qui nous offrent leur amour sans démesure.

47-Le Jardin

Le jardin est un lieu de paix,
Où les plantes poussent en harmonie,
Les fleurs, les arbres et les légumes,
Sont les témoins de la vie.

Le jardin est un lieu de contemplation,
Où l'on peut admirer la nature avec passion,
Les couleurs, les formes, les odeurs,
Sont autant de merveilles à découvrir.

Le jardin est un lieu de méditation,
Où l'on peut se ressourcer,
Le bruit de l'eau, le chant des oiseaux,
Sont autant de signes de la sérénité.

Le jardin est un lieu de vie,
Où l'on peut partager avec les autres,
Les joies de la nature, les récoltes,
Qui sont autant de cadeaux à offrir.

48- La Rose

La rose est la reine des fleurs,
Elle est le symbole de l'amour,
Ses pétales doux comme du velours,
Sont le reflet de la beauté du jour.

La rose est la fleur des poètes,
Elle inspire la passion et la tendresse,
Ses couleurs sont autant de promesses,
De bonheur, de symbole de sagesse.

La rose est la fleur de la romance,
Elle raconte les histoires d'amour,
Ses parfums sont autant de danses,
De l'âme et du cœur en accord.

La rose est la fleur de l'éternité,
Elle nous rappelle que l'amour est immortel,
Ses pétales fanent, mais sa beauté,
Dans nos esprits, reste gravée.

49-Le Chêne

Le chêne est le roi des arbres,
Il est le symbole de la force,
Ses racines plongent dans la terre,
Et ses branches touchent le ciel, immense.

Le chêne est le gardien des forêts,
Il abrite la faune et la flore,
Ses feuilles sont autant de palais,
Pour les oiseaux qui y trouvent un trésor.

Le chêne est le témoin de l'histoire,
Il a vu passer les saisons,
Les hommes, les animaux, la gloire,
Et les tragédies de la raison.

Le chêne est le symbole de l'éternité,
Il est l'image de la vie,
Sa force, sa beauté, sa majesté,
Sont autant de témoignages de l'envie.

50-La Vigne

La vigne est la mère du vin,
Elle est le symbole de la fête,
Ses grappes sont autant de festins,
Pour les papilles qui se régalent en tête.

La vigne est le gardien des terroirs,
D’une boisson qu'il faut boire.

Printed by Books on Demand GmbH, Norderstedt / Germany